ANSIEDAD

Deshágase de fobias, estrés y depresión usando terapia cognitiva conductual y meditación

(Guía de alivio de la ansiedad para superar la depresión, el miedo y el estrés)

Alfio Arce

Publicado Por Daniel Heath

Ansiedad: Deshágase de fobias, estrés y depresión usando terapia cognitiva conductual y meditación (Guía de alivio de la ansiedad para superar la depresión, el miedo y el estrés)

ISBN 978-1-989853-17-7

Este documento está orientado a proporcionar información exacta y confiable con respecto al tema y asunto que trata. La publicación se vende con la idea de que el editor no esté obligado a prestar contabilidad, permitida oficialmente, u otros servicios cualificados. Si se necesita asesoramiento, legal o profesional, debería solicitar a una persona con experiencia en la profesión.

Desde una Declaración de Principios aceptada y aprobada tanto por un comité de la American Bar Association (el Colegio de Abogados de Estados Unidos) como por un comité de editores y asociaciones.

TABLA DE CONTENIDO

Parte 1

Introducción

El estilo de vida competitivo y los factores de estrés diarios de la vida están empujando continuamente a las personas al límite con muchas de ellas entrando en estados negativos de ansiedad y depresión. Los trastornos de ansiedad que conducen a una serie de comportamientos negativos y las emociones pueden salirse de control si desde el principio las medidas correctas no se toman a tiempo. Dado que muy poco se puede hacer para controlar las condiciones que desencadenan el miedo y la ansiedad;el enfoque cambia hacia la búsqueda de formas que puedan usarse para romper el ciclo de la ansiedad, de modo que uno sea capaz de vivir una vida pacífica y feliz, libre de estrés y ansiedad.

Este libro cubre información a fondorespecto alo que realmente es la ansiedad, cuáles son las causas y las consecuencias y cómo se puede romper elagarre de la ansiedad. También comparte las diversas etapas de la ansiedad y cómo se puede llegar a saber que la ansiedad se está convirtiendo en un trastorno. El libro también ha compartido cómo la ansiedad influye negativamente en la mente y la percepción de las personas en la medida en que uno no puede ver claramente cuál es la realidad al ver las cosas de una manera distorsionada. A pesar de que el trastorno de ansiedad pueda resultar complejo dado que deja a uno en una situación muy negativa, muchos estudios han demostrado que la práctica de la meditación ayuda a deshacerse del estrés y la ansiedad.

Aprender algunas técnicas simples de meditación que se pueden practicar en la comodidad del hogar puede ayudar en gran manera a eliminar la ansiedad. Así como la ansiedad altera la condición mental donde uno llega a pensar más negativamente, participar en la meditación no sólo altera el estado mental de unohacia una actitud mental positiva, sino que también le permite a uno profundizar hasta el nivel de superación de las limitaciones de la mente y los sentidos.

Practicar la meditación abre la mente de uno y también les permite conectarse con lo que realmente son. Tal nivel de conciencia trasciende el de la mente y es posible ver las cosas en su verdadera forma mientras estamos en ese estado. Este libro ha cubierto en detalle cómo la práctica de la meditación puede proporcionar un gran alivio de la ansiedad y otros síntomas relacionados.

Usted aprenderá más acerca de la meditación, los beneficios de la meditación, cómo la meditación ayuda a deshacerse de la ansiedad, varios tipos de técnicas de meditación y las técnicas de meditación que se pueden utilizar para deshacerse de la ansiedad. También aprenderá a como vivir en el momento presente; un estado de conciencia donde usted puede disfrutar de la paz y ser feliz ahora. Mindfulness es un estado alcanzable y al practicar las estrategias compartidas en este libro, usted será capaz de llegar a ese nivel de conciencia donde su pasado o futuro ya no influye en sus pensamientos. Todo su enfoque y concentración estará en el ahora, un estado de ser uno con su fuente. Es el lugar de paz, alegría y felicidad.

Gracias por tomarse su tiempo para descargar el libro! Te animo a leerlo todo hasta el final para que no se pierda laMindfulness y cómo puede desarrollarla para vivir el momento.

Capítulo 1

Comprendiendo la ansiedad y su impacto

La ansiedad es una emoción familiar que todo el mundo puede experimentar en algún nivel de la vida. Es una sensación de inquietud que se produce como resultado de estar estresado o preocuparse por una situación dada. La ansiedad también es una función natural que se activa cuando hay alguna amenaza potencial y permite evaluar la situación para una respuesta adecuada. La ansiedad puede ser buena, especialmente cuando uno se encuentra en un estado tan elevado como para tener mejor desempeño o incluso conduce a la estimulación de impulsos creativos que impulsa a uno a encontrar soluciones para una situación. Por ejemplo, una persona puede estar teniendo ansiedad por perder su trabajo, tal sentimiento puede hacer que evalúen sus vidas e identifiquen otras habilidades que puedan tener, lo que puede llevar a explorar otras opciones de carrera.

Por otro lado, la ansiedad puede ser considerada como mala cuando desencadena respuestas inapropiadas a las amenazas percibidas que luego pueden conducir a síntomas intrusivos y persistentes. Una persona que mira una pérdida eminente de trabajo puede comenzar a preocuparse por cómo van a empeorar las cosas, cómo fallara en el pago de sus deudas y terminar perdiendo sus propiedades. Un rastro de pensamiento de este tipo, si persiste puede desencadenar comportamientos obsesivos, fobia, pánico y otras emociones negativas que si no se abordan, puede provocar un trastorno de ansiedad. La ansiedad es un problema de salud mental que se ha vuelto bastante frecuente en todo el mundo. La gente recurre a actos y comportamientos extraños, y muchas de las causas fundamentales se identifican como ansiedad.

A diferencia del miedo que desencadena una repentina descarga de adrenalina y estabiliza la amenaza real o percibida que ha pasado; la ansiedad enciende una sensación persistente de preocupación, temor, tensión que normalmente no está clara en la mayoría de los casos. Puede ser una emoción tan vaga que generalmente se experimenta cuando uno está anticipando alguna desgracia. Es como estar en algún estado de ánimo orientado al futuro con el enfoque en la próxima experiencia negativa. El grado en que las personas experimentan ansiedad varía, sin embargo, cuando la sensación de ansiedad se vuelve persistente y aparentemente incontrolable, entonces se deben tomar acciones ya que estar en tal estado consistentemente puede ser bastante abrumador.

Cuando el estado de ansiedad se vuelve bastante intenso en la medida en que llega a interferir con el funcionamiento de las actividades diarias, puede describirse como un trastorno de ansiedad. El trastorno de ansiedad es estar en un estado aumentado de miedo como resultado de la respuesta de un sistema nervioso a un estímulo externo. Es donde el cerebro se activa internamente en respuesta a la situación de estrés. Una persona con trastorno de ansiedad llega a experimentar una gran cantidad de emociones negativas, como sentimientos de desánimo, tristeza, desesperanza, falta de interés en la vida y sentimientos similares. Estos sentimientos entonces pueden interferir con la forma de pensar, el comportamiento y cómo llevan a cabo las actividades diarias. Conocer los síntomas a tener en cuenta puede ayudarle a uno a saber si están experimentando la ansiedad diaria normal o desarrollando trastorno de ansiedad. Por lo tanto, la intensidad de los sentimientos que enciende este estado en la persona, debe ser evaluada para una identificación precisa.

Cuando la ansiedad se convierte en un trastorno

La ansiedad se puede describir como la alarma automática del cuerpo que se activa cada vez que uno se enfrenta a una situación que es estresante y se siente amenazado o bajo presión. Tanto como la ansiedad puede ayudar a hacer uno para mantenerse enfocado o como incluso estimular la acción que motiva a uno a resolver los problemas percibidos; se convierte en un trastorno cuando interfiere con el comportamiento de uno y cómo manejan las actividades diarias, incluyendo sus relaciones. Los siguientes síntomas pueden ayudar a uno a identificar si se tiene un trastorno de ansiedad;

- Sentimientos persistentes de preocupación, tensión y de estar al límite.
- Interferencia con las responsabilidades familiares y otras actividades diarias.
- Sentimientos constantes de miedo que pueden parecer irracionales, pero que le resulta difícil superarlos.
- La creencia de que algo malo o muy negativo puede suceder si una tarea determinada o algo no se hace.
- Experiencias de ataques de pánico repentinos que causan la descarga de adrenalina.
- Sentimientos de peligro eminente que es probable que ocurra.

Las personas tienden a experimentar

trastornos de ansiedad de manera diferente y los síntomas pueden ser examinados como un desorden en lugar de considerarlos de forma aislada. Por ejemplo, una sensación de ataque de pánico de una sola vez podría no ser necesariamente un trastorno, pero cuando se experimenta junto con otros síntomas como la abstinencia de la familia y los amigos, óinvolucra comportamientos extraños; entonces eso se puede concluir que es trastorno de ansiedad. Aparte de los síntomas primarios del trastorno de ansiedad; hay síntomas emocionales que se pueden asociar con el trastorno de ansiedad y a continuación se presentan algunos de ellos;

- Sentimientos de temor o aprensión
- Irritabilidad, tenso y nervioso
- Falta de concentración donde uno tiende a estar ausente de mente.
- Anticipación de lo peor
- Búsqueda de señales de peligro.

Abordar el trastorno de ansiedad se puede hacer eficazmente cuando uno entiende los síntomas y está muy consciente de la extensión del trastorno y del peligro que puede conllevar si no se consideran las medidas adecuadas para abordar la situación. Hay muchas formas que se han dicho para ayudar con la ansiedad; sin embargo, se ha demostrado que la meditación es una de las formas más efectivas que ayudana aliviarla ansiedad y otros problemas relacionados con el estrés.

Ansiedad y pensamientos intrusivos

Por mucho que la ansiedad pueda ser bastante intensa, hay otros factores que pueden contribuir a la intensidad de la emoción y son los pensamientos intrusivoslos más comunes. Los pensamientos intrusivos son pensamientos que consiguen bombardear tu mente e imaginación. Un pensamiento sólo cae en tu mente e inmediatamente la imaginación comienza a correr libremente. Los pensamientos son considerados como intrusivos a medida que llegan a la mente contra la voluntad de uno. Los pensamientos pueden ocurrir en los destellos, pero tienen el potencial de aumentar la sensación de ansiedad. Tales pensamientos pueden causar mucha angustia y conocerlos puede ayudarle a uno a examinar el alcance de la situación y las medidas adecuadas que deben tomarse para abordar la situación de manera efectiva.

Los pensamientos intrusivos van desde preocuparse por la salud, el trabajo o incluso preocuparse por sus seres queridos. Los pensamientos se mantienen intermitentes y persistentes en la mente, lo que pone a la persona en un estado constante de ansiedad intensa. Los pensamientos intrusivos caen en diferentes categorías y conocer la causa es un paso hacia la superación de la situación.

Recuerdos no deseados

Pensamientos intrusivos pueden venir en forma de recuerdos no deseados. Por ejemplo, uno podría haber participado en un acto que no es muy agradable y tal acto puede haber causado un tremendo dolor a sí mismo o a los demás. Incluso después de superar la situación y las consecuencias relacionadas con la incidencia; un recordatorio de la experiencia puede desencadenar ansiedad y causar sentimientos intensos de cualquiera de las emociones compartidas anteriormente. Una persona con recuerdos angustiantes puede tener un destello de esos recuerdos aparece en cualquier momento, especialmente cuando está bajo ansiedad.

Pensamientos violentos

Una persona que experimenta ansiedad intensa también puede experimentar pensamientos violentos, especialmente cuando se les ha identificado con un comportamiento obsesivo compulsivo. Estos son pensamientos que simplemente aparecen en la mente donde pueden sentir un fuerte deseo de participar en un acto violento. La persona también puede tener pensamientos intrusivos cuando ve que otra persona cercana a él es la persona vulnerable a la violencia debido a sus acciones.

Pensamientos de muerte

Los pensamientos de la muerte pueden ser intrusivos, especialmente con aquellos que experimentan ansiedad y que es causada por una enfermedad terminal. Los destellos constantes de pensamientos de muerte pueden seguir apareciendo, lo que si se consideran tienen el potencial de intensificar el sentimiento de ansiedad. Ser consciente de los pensamientos intrusivos puede ayudar a identificar el alcance de la ansiedad y las consecuencias queeste puedegenerar. El proceso de superar la ansiedad puede ser posible cuando se identifican los pensamientos intrusivos, ya que tienden a alimentar las sensaciones que aumentan los sentimientos de ansiedad. Una persona que ya está experimentando ansiedad puede no saber cómo responder a los pensamientos intrusivos cuando surgen El hecho de que ya se sientan abrumados con el estado en el que se encuentran, solo hace que los pensamientos intrusivos aumenten el sentimiento de ansiedad y angustia. Hay estrategias que se pueden utilizar para poner tales pensamientos en control sin embargo para un alivio eficaz; el saber que existen es clave.

Ansiedad y cómo cambia el cerebro

Se ha demostrado que la ansiedad cambia la estructura del cerebro, incluso porque también hace que uno se sienta mal. La ansiedad disminuye el tamaño del hipocampo, la sección del cerebro que se conoce como la sede de la memoria. También aumenta el tamaño del cerebro conocido como amígdala, que es responsable de la respuesta al miedo. Con una amígdala agrandada, uno llega a ser más temeroso y ansioso. Una combinación de miedo, estrés y ansiedad desencadena la liberación de hormonas causantes del estrés que son responsables de los desequilibrios en los neurotransmisores del cerebro, que son los químicos utilizados por las células del cerebro para la comunicarse entre sí.

Capítulo 2

Cambiar las percepciones que contribuyen a la ansiedad

La ansiedad hace que los pensamientos de uno funcionen incontrolablemente, lo que conduce a la aceleración de los latidos del corazón a medida que la respiración se vuelve más pesada. La inquietud aumenta el miedo,lo que hace que se produzcan ataques de pánico. Tales emociones pueden tener un impacto negativo en la mente y el cuerpo. También tienen el potencial de incluso cambiar la percepción de la realidad. La ansiedad afecta el estado emocional de una persona a un nivel muy profundo, lo que luego hace que la interacción con el mundo sea difícil. Diversos estudios han revelado que las personas que sufren de trastorno de ansiedad son capaces de percibir personas y cosas que son inofensivas como amenazas y que ocurren a un nivel inconsciente. Luego, la persona filtra todo lo que encuentra a través de la lente del miedo y el potencial de convertirse en una amenaza.

Una persona con ansiedad puede caer fácilmente en una depresión si su forma de percibir las cosas no está equilibrada. Lo que sorprende a muchas personas es cómo la ansiedad influye en lo que uno se enfocaa lo largo del día. Dado que los hechos se miran con una atención sesgada, la ansiedad entonces altera la conciencia de uno,y modifica la forma en que uno llega a experimentar la realidad. Tal percepción puede tener consecuencias muy profundas en la vida de uno, como moldear lavisión de uno del mundo y del sistema de creencias de manera muy predecible y específica. Una de las principales causas de ansiedad proviene de la forma en que la sociedad está diseñada para operar. Los estilos de vida estrictos con empleos exigentes y un estatus social competitivo que constantemente exigen más pueden ser bastante difíciles de enfrentar, lo que lleva a que uno se drene social, emocional e incluso espiritualmente.

Ese elemento de estar desconectado de la realidad y del medio ambiente que lo rodea, incluyendo el hecho de no estar en contacto con lo que realmente somos, es lo que conduce a la ansiedad. La gente está tan activa con las cosas que causan miedo, algo que se ha visto potenciado por diversos factores sociales. El diseño de la sociedad ha dado forma al cerebro para centrarse naturalmente más en estímulos negativos, sin embargo, con la ayuda de la meditación; el cerebro puede ser reconectado con éxito. Tener una realidad distorsionada puede tener un impacto negativo en la vida de uno y en cómo reaccionan a los problemas de la vida diaria. La ansiedad es capaz de cambiar la forma en que la mente llega a procesar la información,lo que aumenta el pensamiento excesivo, el pensamiento negativo y la tendencia de reconocer las señales de acuerdo con las expectativas psicológicas de uno.

Las condiciones del trastorno de ansiedad aumentan la distorsión de la realidad y el desafío es que la mayoría de las personas que experimentan ansiedad a menudo no se dan cuenta de cómo la ansiedad ha distorsionado su mente. La ansiedad tiende a cambiar las trayectorias neuronales químicas del cerebro y cuando eso sucede; la mente entonces llega a percibir las cosas de una manera diferente de lo que es realmente la realidad.

Para superar los efectos distorsionantes de la realidad debido a la ansiedad,uno necesita comprender cómo la atención de uno llega a influir en su percepción y las formas en que puede ser influenciada. Es importante tener en cuenta que su percepción es realmente su realidad, ya que usted será capaz de experimentar el mundo de acuerdo con la forma en que lo perciba. El trastorno de ansiedad demuestra la capacidad del cerebro para crear realidad en la mente del individuo. La percepción lo es todo, influye en cómo te sientes y en las cosas que puedes hacer. Saber cómo se puede cambiar la percepción es fundamental para una persona con trastorno de ansiedad.

Es posible vivir una vida libre de estrés y feliz, pero esto sólo puede suceder cuando uno identifica el impacto que la ansiedad tiene en sus vidas y cómo realmente altera cómo perciben todo alrededor de sus vidas. Hacer un cambio comienza por cambiar la vieja percepción y enfocando la mente a las cosas que te hacen más feliz. Para poder superar la percepción distorsionada y la forma de imaginar las cosas, el conocimiento de lo que está causando el ciclo de ansiedad es clave y eso le dará una idea de cómo manejarlo y ser capaz de superarlo. La forma en que las personas actúan para determinadas situaciones está influenciada por su percepción inconsciente con respecto a si están a salvo o no en tales situaciones.Introducir nuevas opciones que influyen en como la mente inconsciente interactúa e interpreta las cosas puede ayudar en gran medida a superar la ansiedad.

Cambiando las percepciones negativas

Cambiar las percepciones negativas comienza por creer que el cambio es posible y el cerebro realmente puede ser programado. Crear una vida deseada que esté libre de estrés y ansiedad es posible con el uso de las estrategias y técnicas ideales. Para superar las percepciones negativas, usted tiene que cambiar su pensamiento y las formas habituales en las que responde a los pensamientos. Cada vez que practique reaccionar de una manera nueva a los pensamientos realmente está reentrenando su cerebro y con la práctica, estaráreconectando su cerebro por defecto. Sin embargo, el cambio de las percepciones negativas se puede hacer de manera auténtica y garantizada para lograr los resultados deseados.

Si uno se encuentra en un estado de trastorno de ansiedad, iniciar el cambio sin tener una estrategia clara a seguir puede ser todo un desafío. Hay numerosas técnicas de control de ansiedad, sin embargo, no todas ellas son muy eficaces. Algunas tienden a funcionar bien cuando uno está fuera del ambiente estresante, pero la condición se reanuda cuando uno regresa al entorno que enciende sentimientos de ansiedad. La meditación es una de las mejores formas que se ha demostrado para ayudar a alterar la forma de percepción haciendo posible que uno, haciendo posible que uno supere el estrés y la ansiedad y sea capaz de vivir una vida feliz y productiva. Sin embargo, hay algunos consejos que le pueden ayudar con el manejo de la ansiedad y practicarlos puede aliviar el sentimiento de ansiedad y otras emociones negativas.

Las estrategias compartidas a continuación pueden ayudarte a sobrellevar la situación, sin embargo necesitarás estrategias comprobadas como la meditación, que se tratará en detalle en el siguiente capítulo.

Para superar el estrés y la ansiedad, puede participar en algunas de las estrategias a continuación;

Ejercicio

Participar en el ejercicio físico puede traer un gran alivioal lidiar con la ansiedad. Se ha demostrado que el ejercicio es una gran herramienta para controlar el estrés y la ansiedad. El ejercicio mejora la liberación de neurotransmisores que ayudan a elevar el estado de ánimo y también cansa los músculos,lo que ayuda a prevenir los síntomas de ansiedad. A través del ejercicio, el estrés que causa hormonas que desencadena la ansiedad también se quema en el proceso. Así como el ejercicio físico ayuda a mejorar la salud física también mejora la salud mental, resultando en la eliminación de hábitos poco saludables.

Autoexposición

Esta técnica se puede utilizar para controlar la ansiedad donde uno consigue exponerse a lo que les asusta. Se basa en la creencia de que cuando uno está expuesto a una situación aterradora durante un período de tiempo más largo, puede superar la situación. Esta técnica se aplica principalmente a la ansiedad que se presenta en relación con la fobia, como el miedo a las arañas, la oscuridad, los ascensores y similares. Cada tipo de ansiedad tiene un desencadenante, por ejemplo, los ataques de pánico se desencadenan principalmente por las sensaciones físicas por lo que imitar tal sensación o pensar en los pensamientos que causan ansiedad puede ayudar con el alivio de la ansiedad.

Sin embargo, no es aconsejable hacer esto especialmente si usted considera que está teniendo ó experimentando un trastorno de ansiedad, ya que puede encender algunos destellos de regreso que pueden requerir intervención psicológica.

Ejercicios de respiración

Los ejercicios de respiración son muy beneficiosos para aquellos que experimentan ansiedad. Ejercicios de respiración ayuda a calmar el cuerpo y reducen cualquier probabilidad de experimentar hiperventilación, un síntoma común en aquellos que experimentan ataques de pánico. Hay numerosas técnicas de respiración como las que se muestrana continuación;

- Respirar lentamente por la nariz durante unos 6 segundos con la atención en su respiración.
- Aguantando la respiración durante

unos 3 segundos

- Respirar a través de los labios durante unos 7 segundos, similar a un silbido.

Esta técnica de respiración proporciona al cuerpo el equilibrio adecuado de dióxido de carbono, a su vez estabiliza la velocidad de la frecuencia cardíaca correcta mientras disminuye la gravedad de algunos síntomas asociados con la ansiedad. Tomar tiempo para inhalar y exhalar profundamente cuando se siente estresado también ayuda con el alivio del estrés.

Gritar y vociferar

Esta estrategia puede sonar loca, pero algunos lo han intentado con éxito, sin embargo, se puede hacer en un área privada para evitar crear una atención innecesaria. La estrategia puede parecer divertida y un poco tonta, pero es una excelente manera de recordarle a usted mismo que no está atascado. Esta estrategia puede funcionar bien para aquellos que experimentan casos leves de ansiedad y casos no muy intensos como el trastorno de ansiedad.

Acepte sus limitaciones

Aceptar que usted no tiene el poder de controlar todo puede ayudar con cierto alivio de la ansiedad. Ponga en perspectiva lo que le genere estrés y piense en ello. Analice si es tan malo como cree, si hay algo que pueda hacer para cambiar la situación. Estará menos estresado si se da cuenta de que no puede controlar todo, independientemente de cuán inconveniente que puedan ser las situaciones. Lo mejor que puede hacer es desarrollar una actitud mental positiva y empezar a ver posibilidades fuera de las situaciones que parecen estar fuera de su control. Haga lo necesario para reemplazar los pensamientos y emociones negativas por unos positivos.

Aprenda acerca de sus desencadenantes de la ansiedad

Identificar las cosas que causan ansiedad puede ayudar en gran medida a averiguar la causa raíz y cómo lidiar con las situaciones. Averigüe si es la familia, el trabajo, la escuela, la condición de salud, las finanzas o cualquier otra cosa. Siempre que se encuentre con sentimientos de ansiedad, observe los patrones y cómo se activan los sentimientos. Entender eso puede ayudarle a lidiar con la situación de una manera que le capacite para superar el estrés y la ansiedad.

Dieta saludable

Tener una dieta saludable puede ayudar en gran manera a aliviar la ansiedad. La falta de nutrientes y minerales suficientes que el cuerpo requiere para funcionar de manera efectiva puede causar ansiedad. Una dieta saludable proporciona al cuerpo los nutrientes tan necesarios que permite que el cerebro y todo el cuerpo funcionen de manera efectiva. En los casos donde la falta de comidas balanceadas ha contribuido al estrés y la ansiedad, se pueden utilizar suplementos que ayudan a aumentar los minerales requeridos.

Buscar ayuda

Si usted descubre que su situación se está volviendo persistente, entonces es recomendable que busque ayuda. Puede hacerse una prueba de detección de salud mental para determinar tu salud mental y luego buscar el tipo de ayuda adecuado. Puede hablar con alguien y hacerle saber que se sientes abrumado. También puede hablar con un terapeuta o incluso buscar ayuda profesional. Hay estrategias de relajación que se pueden utilizar con gran éxito. Ejercicios como la relajación, la visualización y la meditación pueden ayudar con el alivio de la ansiedad, sin embargo uno tiene que saber cómo utilizar las técnicas de manera efectiva.

Capítulo 3

Comprendiendo la meditación

¿Qué es la meditación?

La meditación es una práctica que implica descansar la mente para alcanzar un estado de conciencia diferente al experimentado en un estado normal de vigilia. Implica entrenar la mente o inducirla a un estado de conciencia que permita la participación en pensamientos pacíficos. Es un medio que nos permite explorar niveles más profundos dentro de nosotros y finalmente consigue que uno experimente la conexión con el yo interior. La meditación es una ciencia y el proceso se basa en principios específicos que conducen a los resultados verificables deseados.

La meditación es la disolución de los pensamientos en la conciencia eterna o la conciencia pura sin objetivación, saber sin pensar, fusionando finitud en el infinito; *Voltaire*

La meditación también se puede definir

como la práctica de entrenar la atención para ser más conscientes no sólo del funcionamiento interno de la mente y el espíritu, sino también de lo que está ocurriendo en el momento presente. Cuando uno es capaz de tener claridad de lo que está sucediendo en el momento presente, puede elegir con claridad sobre cómo reaccionar a la situación. Por mucho que las circunstancias externas llegan a afectarnos hasta el punto de desencadenar emociones como el estrés y la ansiedad, darnos cuenta de que no podemos controlar las fuerzas externas es vital para entender lo que realmente la meditación implica. Generalmente, es la forma en que respondemos a las circunstancias externas lo que determina cómo las situaciones nos afectan.

La vida siempre nos presentará situaciones que están fuera de nuestro control, sin embargo, lo mejor que tenemos es la capacidad de controlar nuestra mente y los pensamientos en los que nos involucramos. La capacidad de tomar el control de su mente y pensamientos es la estrategia definitiva que ayuda a superar el estrés y la ansiedad. Por lo tanto, practicar la meditación le permite tomar el control de la mente y participar en técnicas de meditación le proporciona la capacidad de pensar en pensamientos positivos, mejorar la claridad y la concentración. Estar en ese estado de calmatambién le permite ver las cosas claramente en su verdadera naturaleza, lo que a su vez tiene un impacto bastante positivo en el proceso de toma de decisiones. Por lo tanto, la meditación implica estar en un estado de conciencia que trasciende la mente, tal como dijo Osho, un gurú y maestro espiritual; "La mente no puede penetrar la meditación; donde la mente termina, comienza la meditación".

Participar en técnicas de meditación no sólo le enseña cómo tomar el control de la mente, sino que también le llevará a dimensiones más elevadas de la conciencia, donde podráconectar con su espíritu, que es más superior a la mente y es capaz de ofrecer guía y paz que puede resultar imposible de realizar a nivel mental. Practicar la meditación le permite vaciar tu mente a medida que su nivel de concentración y enfoque también se profundiza. La meditación le permite a uno estar en un estado espiritualmente energizado y eso puede ayudar a guiar y conducir a uno a la verdad, que luego cambia su percepción y comprensión sobre varios temas. La meditación es un ejercicio antiguo que ha sido adoptado por la mayoría de las religiones. Muchas personas han participado en la práctica de la meditación para transformar sus mentes, sin embargo, las técnicas que se utilizan varían dependiendo de cada religión. Básicamente, la práctica consiste en entrenar la atención y eso se puede lograr practicando la meditación en forma de quietud y silencio, mediante el uso del sonido y la voz y mediante movimientos corporales. Cada forma de meditación utilizada se centra en elentrenamiento de la atención.

Nuestro nivel de conciencia es lo que influye en la calidad de vida que uno vive. Una persona que es más consciente de quiénes realmente y entiende cómo conectarse con su yo interior, será capaz de vivir una vida más tranquila y feliz. En lugar de que las circunstancias los abrumen, siempre expresarán una actitud positiva que les permitirá afrontar situaciones con mucha confianza en que las cosas saldrán bien.

Tipos de Meditación

Siendo la meditación una práctica antigua, es algo que se ha adaptado en todo el mundo en la mayoría de las culturas practicándola como una forma de crear ese sentido de armonía interior y calma. Aunque la meditación está principalmente vinculada a diferentes enseñanzas y creencias religiosas, generalmente es menos de fe e implica más técnica de transformar la conciencia. La práctica se traduce entonces en una sensación de mayor conciencia y paz. Vivimos en una época en la que el estrés y la ansiedad se han vuelto muy comunes, con muchas cosas que desencadenan sentimientos de ansiedad. Se ha comprobado que la práctica de la meditación ayudaa aliviar el estrés y la ansiedad, lo que permite a uno sentirse feliz en el momento.

Por mucho que no haya una manera específica de meditar, encontrar una práctica que satisfaga las necesidades deseadas y complemente tu personalidad es vital. A continuación, se presentan algunos de los tipos de meditación que puede considerar participar para una vida más pacífica y feliz.

- Meditación mindfulness
- Meditación enfocada
- Meditación espiritual
- Meditación del movimiento
- Meditación trascendental
- Meditación del mantra

Es importante tener en cuenta que no todos los tipos de meditación son ideales para todos, ya que cada uno requiere que uno tenga diferentes niveles de habilidades y mentalidad. Usted puede saber lo que es ideal para usted,si conoce más sobre el proceso que implica cada uno y si se siente cómodo con él.

Meditación mindfulness

La meditación mindfulness es uno de los tipos populares de técnica de meditación con su origen en las enseñanzas budistas. Este tipo de meditación implica prestar atención a los pensamientos a medida que pasan por la mente. Se aconseja no juzgar los pensamientos ni se involucrarse con ellos.Todo lo que uno tiene que hacer es observar los pensamientos y tomar nota de los patrones involucrados. La meditación mindfulness combina la conciencia y la concentración y eso se puede practicar centrándose en un objeto o incluso en la respiración mientras observas tus pensamientos, las sensaciones corporales y tus sentimientos. La meditación mindfulness es adecuada para las personas que tienen la intención de practicar la meditación en privado y puede no requierir de la ayuda de un maestro para guiarlo a través del proceso. El proceso es fácil y se puede practicar cómodo cuando uno está solo.

Meditación enfocada

Este tipo de meditación implica involucrarse en el enfoque concentrado a través del uso de cualquiera de los sentidos. Una persona puede elegir centrarse en su respiración o atención y eso se puede hacer contando las cuentas, mirando la llama de una vela o incluso escuchando el sonido de un gong. Por mucho que la práctica suene bastante fácil, mantener el foco durante un período de tiempo más largo puede resultar bastante difícil especialmente para aquellos que comienzan con la práctica. Si a la mente le gusta preguntarse entonces tendrás que controlarla llevándola de vuelta a la práctica y centrándote en el objeto. La meditación enfocada es adecuada para aquellos que requieren un mayor enfoque en sus vidas.

Meditación espiritual

La meditación espiritual es bastante común en las religiones orientales como en la fe cristiana, el hinduismo y el daoísmo. La práctica es más similar a la oración en el hecho de que uno llega a reflexionar más sobre el silencio que está a su alrededor mientras que también busca una conexión más profunda con el universo o Dios. Elementos como el incienso, la mirra, el sándalo, el cedro y otros aceites esenciales se utilizan para ayudar a aumentar la experiencia espiritual. La meditación espiritual se puede practicar en un lugar de culto o incluso en casa. La práctica es una idea para aquellos que orientación y crecimiento espiritual en la vida.

Meditación del movimiento

La meditación del movimiento implica actos como la jardinería, caminar por los bosques y participar en otras formas de movimiento. Es una forma de meditación donde uno es guiado por los movimientos. Este tipo de meditación es bastante adecuado para las personas que en su mayoría encuentran paz en la acción y el amor dejar que sus mentes vaguen. Muchas personas creen en la idea de que la mente puede actuar como una herramienta para la exploración espiritual y participar en las emociones es una manera de hacer investigación espiritual. La meditación siempre invocará un cambio en la conciencia de uno, ya sea que la práctica se lleve a cabo en quietud o en acción. La meditación del movimiento proporciona una manera accesible de restaurar el equilibrio de la mente.

Cuando la mente está mayormente perturbada e inquieta, participar en la meditación del movimiento puede ayudar en la creación de ese cambio requerido en la conciencia que luego conduce a mejorar la paz y la conciencia.

Meditación trascendental

Este tipo de meditación es la más popular en todo el mundo e implica evitar pensamientos que distraigan mientras participa en un estado relajado de conciencia. La práctica se deriva de la tradición védica india donde una persona llega a sentarse en una posición cómoda con los ojos cerrados mientras repiten silenciosamente un mantra dado. El uso del mantra ayuda a enfocar la concentración. Mientras que en ese estado meditativo, el proceso de pensamiento de una persona llega a trascender a un estado donde es reemplazado por la conciencia pura. La persona que medita entonces llega a lograr la quietud perfecta con la ausencia de límites mentales. También se puede experimentar estabilidad, descanso y paz.

Este tipo de meditación puede ayudar a reducir el dolor crónico, la presión arterial alta, la ansiedad y otras condiciones relacionadas con la salud. La meditación trascendental es una de las más estudiadas científicamente y se ha demostrado que es más personalizable en comparación con la meditación de mantra. Es ideal para aquellos que prefieren trabajar con una estructura y se toman en serio la práctica de la meditación.

Meditación del mantra

La meditación del mantra es popular en varias enseñanzas religiosas y se practica dentro de las tradiciones budista e hindú.

Este tipo de meditación implica el uso de sonidos repetitivos que luego ayuda a despejar la mente. El uso del mantra es común con la práctica de la meditación incluso en el contexto secular. Palabras populares como Om se pueden utilizar repetidamente hasta que la conciencia cambia. No es una necesidad que el mantra se hable en voz baja o en voz alta se puede hacer de una manera con la que se sientan cómodos.

Hay algunos mantras que se pueden interpretar, pero otros derivan su valor de la calidad del sonido producido cuando se hablan. Un mantra puede ser recitado o escuchado. En el momento se puede recitar muy rápido y otras veces muy lento. Hay veces que el mantra está conectado a la respiración, visualizaciones, ciertos sentimientos o concentración. Tal vez podrías estar preguntando acerca de lo que podría ser tan especial acerca de repetir una palabra. La idea aquí es participar en la vibración del sonido que luego hace que las células del cuerpo vibren a una frecuencia determinada. Todo lo que nos rodea está en un modo vibratorio, incluyendo los pensamientos y sentimientos en los que nos involucramos. Hay ciertos sonidos que se sabe que evocan ciertos pensamientos y emociones y si escucharlos puede alterar sus sentimientos y pensamientos para mejor, así que eso puede ser genial.

Capítulo 4

Beneficios de la meditación

La práctica de la meditación se está volviendo cada vez más popular entre la mayoría de las personas que la abrazan debido a los numerosos beneficios que tiene. La meditación es un proceso habitual que ayuda a entrenar la mente con el objetivo de mejorar el enfoque y el control de los pensamientos. La práctica de la meditación se ha utilizado para desarrollar algunos hábitos beneficiosos como mejorar los patrones de sueño saludables, superar el estrés y la ansiedad, autodisciplina, desarrollar una actitud mental positiva y mejorar el estado de ánimo. Practicar la meditación hace mucho más que solo ayudar a uno a relajarse y sentirse feliz. Al igual que la ansiedad altera la estructura del cerebro, la meditación cambia igualmente la estructura del cerebro y su funcionamiento, pero de una manera muy saludable y productiva. A continuación se presentan algunos de los beneficios que se pueden obtener al practicar la meditación.

Una de las razones más comunes por las cuales las personas se dedican a la meditación es poder superar la ansiedad y el estrés. Un estudio en el que participaron más de 3500 adultos con condiciones de ansiedad y estrés mostró que participar en la meditación permitió a las personas superar la ansiedad y el estrés después de participar en la meditación consciente durante ocho semanas. Normalmente cuando una persona está estresada, una hormona llamada cortisol es liberada por el cerebro y tiene efectos muy dañinos como la liberación de sustancias químicas que promueven la inflamación. Los efectos de tales productos químicos pueden interrumpir el sueño, causar ansiedad y depresión, aumentar la presión arterial y contribuir al pensamiento nublado. Practicar la meditación de forma regular no sólo puede reducir los síntomas asociados con la ansiedad, también ayuda a revertir el daño causado por la ansiedad. Varias investigaciones han demostrado que la meditación también puede ayudar a mejorar los síntomas que están relacionados con el estrés y la ansiedad. La ansiedad y el estrés relacionados con los síntomas como el trastorno de estrés postraumático, los sistemas intestinales irritables, las fobias, los pensamientos paranoicos, la ansiedad social y el comportamiento obsesivo compulsivo, incluidos los ataques de pánico, pueden ser erradicados eficazmente a través de la meditación. Para experimentar la mayoría de los beneficios asociados con la meditación, uno tiene que comprometerse a participar en la práctica regular. Una vez que se convierte en una rutina regular, la meditación se convierte en parte de la vida a medida que los beneficios continúan fluyendo. Practicar la meditación ayuda a romper los patrones de pensamiento que son negativos. Los pensamientos acelerados son conocidos por crear un vicio de miedo, preocupación y ansiedad, los cuales puede resultar bastante difícil para dejarlos.

La meditación brilla enormemente en romper el círculo vicioso de patrones de pensamiento que son negativos y obsesivos. Disminuye el hábito de preocuparse y da un control sobre sus pensamientos y mente. La meditación también puede cambiar la forma en que el cerebro responde al estrés. Lo que hace que la mayoría de los hábitos sean difíciles de romper es la fuerte vía neuronal que se crea debido a la repetición constante. La meditación entrena a uno para ver los pensamientos de una manera muy diferente. Entonces, es uno capaz de poder reconocer e incluso detener la charla mental que puede conducir a los pensamientos negativos.

Hay numerosos beneficios que uno llega a experimentar participando en la meditación y a continuación son algunos de ellos;

Beneficios relacionados con la salud

Al participar en la meditación, la fisiología del cuerpo sufre un nivel de cambio que luego afecta a cada célula dentro del cuerpo que los lleva a estar llenos de más energía. Tal afluencia de energía al cuerpo que viene como resultado de la meditación puede conducir a sentimientos más grandes de alegría, entusiasmo, paz incluso a medida que aumenta la entrada de energía en el cuerpo. Algunos de los beneficios para la salud física de la meditación incluyen;

- Disminuye los niveles de presión arterial
- Reduce los ataques de ansiedad al reducir los niveles de lactato sanguíneo
- Disminuye los sentimientos de dolor que vienen como resultado de la tensión corporal, dolores de cabeza, insomnio, úlceras y problemas articulares.
- Mejora la producción de serotonina que luego ayuda a mejorar el estado de ánimo y el comportamiento de uno.
- Mejora el sistemainmunitario
- Aumenta los niveles de energía en el cuerpo que conduce a mayores niveles de energía interior.

Beneficios mentales

Practicar la meditación ayuda a llevar el

patrón de ondas cerebrales a un estado conocido como alfa que se sabe que promueve la curación. Mientras que la mente está en estado alfa, se vuelve bastante fresca, hermosa y delicada. Tal experiencia limpia a uno desde dentro mientras que también los nutre y calma. La meditación debe ser considerada cada vez que uno se siente inestable, abrumado o incluso emocionalmente apagado. Al participar en la práctica regular de la meditación, uno será capaz de experimentar;

- Mejora de la estabilidademocional
- Aumento de la creatividad y la felicidad
- Desarrollaintuición
- Ganatranquilidad y claridad.
- Los problemas que parecían insuperables se vuelven más pequeños y manejables.
- Afila la mente y aumenta la conciencia a través de la relajación.
- Tener una mente aguda sin expansión de la conciencia puede conducir a la tensión, la frustración y la ira. Tener una conciencia expandida mientras

carece de nitidez también puede conducir a la falta de progreso. El equilibrio entre tener una conciencia expandida y una mente aguda es lo que conduce a la perfección.

- La meditación aumenta la conciencia de que la actitud interior influye en su nivel de felicidad.

Beneficios espirituales

Por mucho que varias organizaciones religiosas tengan la práctica de la meditación anclada en sus prácticas, la meditación puede sin embargo ser practicada por cualquier persona sin tener ninguna influencia religiosa. Independientemente de la fe, la meditación todavía se puede practicar por los beneficios espirituales que tiende a ofrecer; y a continuación están algunos de ellos;

- Mejora la transición sin esfuerzo donde uno se aprovecha de ser algo uno con el infinito y ser capaz de reconocerse a sí mismo como parte del infinito de una manera que es inseparable.

- Cuando uno está en un estado meditativo, llega a ese espacio de inmensidad, alegría y calma y esa alegría es lo que se llega a emitir de nuevo al medio ambiente que luego trae paz y armonía a la creación y al planeta en general.
- La meditación es capaz de revelar esa transformación personal de una manera que puede ser bastante beneficiosa. A medida que uno se da cuenta de quién es realmente y de las posibilidades disponibles para uno, naturalmente comienzan a descubrir más sobre sí mismos.

Mayor autoconciencia

Por mucho que sea su parte de los beneficios espirituales que uno llega a experimentar cuando se está meditando, la autoconciencia es un factor clave que vale la pena seguir explicando. La autoconciencia se puede describir como el proceso de profundizar en uno mismo para conectar con tu verdadero yo. Significa conocerte a ti mismo no sólo como un ser físico, sino también como un ser espiritual. Cuando solo te conoces a ti mismo como un ser físico, es más probable que te sientas atrapado, ya que te meterás en situaciones que los cinco sentidos pueden no ser capaces de resolver. Una persona que tiene conciencia propia entiende el hecho de que son seres físicos y espirituales.

Participar en la meditación, por lo tanto, uno permite afinar los sentidos a medida que se conectan más profundamente a su espíritu que opera a un nivel más alto que la mente. Cuando uno puede conectarse con su espíritu, podrá obtener una idea de las soluciones y una visión que los cinco sentidos no pudieron entender. La autoconciencia permite conocer su cuerpo, mente y el espíritu y lo que cada uno anhela, eso es lo que le puede llevar a vivir una vida plena y productiva.

Aumenta la felicidad y la memoria

Entender cómo la meditación aumenta la felicidad puede ayudarte a disfrutar de cada momento de tu tiempo a medida que llegas al flujo de ser en el momento. Aquellos que regularmente se involucran en la meditación sus cerebros tienden a las emociones positivas. La felicidad se puede trabajar y desarrollar como un músculo, este hecho explica por qué la mayoría de las personas que se involucran en la meditación como una práctica regular están más inclinadas a tener emociones positivas. Se ha demostrado que la meditación mindfulness aumenta el funcionamiento psicológico que luego conduce a más felicidad y una sensación de bienestar.

La meditación también ha demostrado ayudar a mejorar la memoria. Participar en la meditación ayuda a mejorar la capacidad de no sólo memorizar las cosas, sino también para consolidar y almacenar la nueva información. Varias funciones relacionadas con el cerebro como la capacidad de toma de decisiones, la superación de las adicciones y muchas otras se mejoran mediante la práctica de la meditación.

Retrasa el envejecimiento y mejora la salud

La meditación proporciona una manera natural que se puede utilizar para retrasar el proceso de envejecimiento. Aquellos que participan en la meditación regular muestran un aumento en los niveles de melatonina que su cuerpo llega a producir. La melatonina es una hormona beneficiosa ya que ayuda a ralentizar el proceso de envejecimiento mientras que también energiza el sistema inmunológico. También detiene el daño natural de las células del cuerpo que es común con aquellos que están envejeciendo. Un químico como la melatonina también ayuda al envejecimiento para dormir lo suficiente, tienen mayores niveles de energía y también puede prohibir el avance de ciertos tipos de cáncer. Producción de melatonina como resultado de la meditación puede ser de gran beneficio para el cuerpo.

La meditación induce la relajación,lo que a su vez conduce a un aumento en el óxido nítrico, que a su vez hace que los vasos sanguíneos se abran posteriormente a medida que la presión arterial también disminuye. La meditación permite alterar las funciones fisiológicas del cuerpo donde algunas partes del cerebro están dirigidas, lo que luego permite entrar en un estado de relajación profunda y calma. Mientras uno está en tal estado, el corazón entonces llega a bombear sangre de manera constante pero muy lenta. Recuerde que cuando uno está teniendo trastorno de ansiedad, el corazón llega a bombear más sangre con el fin de suministrar al cuerpo y al cerebro la cantidad necesaria de oxígeno. La meditación luego ayuda a la reducción de la velocidad de la frecuencia cardíaca mientras que efectivamente aumenta la eficiencia de la circulación.

Una cosa buena con la meditación es el hecho de que el efecto tiende a durar un período más largo de tiempo y cuando el cerebro y el sistema cardiovascular están en gran forma, el cuerpo entonces encuentra fácil de hacer frente a la mayoría de las tensiones de la vida diaria.

Capítulo 5

Técnicas de meditación para librarse de la ansiedad

La meditación está emergiendo como una herramienta práctica ideal para hacer frente a situaciones que desafían la vida, como la ansiedad, mientras que también fomenta el crecimiento personal. Diversos estudios de investigación han demostrado que la meditación proporciona una gran manera de calmar la mente y deshacerse de la ansiedad. El uso de la meditación como una forma de deshacerse del estrés y la ansiedad se está convirtiendo en una práctica común, sin embargo, los grandes beneficios sólo se pueden cosechar cuando uno sabe cómo llevar a través del proceso. Participar en la meditación con el único propósito de superar la ansiedad ayuda a reducir el malestar físico, da mayor capacidad para hacer frente a situaciones difíciles y un mejor proceso de toma de decisiones.

Se ha demostrado que la meditación para la ansiedad es una gran herramienta para tomar el control de la mente ansiosa.

Cuando la meditación se practica de la manera correcta, puede ayudar a ralentizar el proceso de pensamiento que luego refresca la mente y reduce el estrés. Varios tipos de trastornos de ansiedad se pueden tratar participando en técnicas de meditación. La meditación para la ansiedad ayuda a neutralizar los efectos de la frustración, la ira y la agresión. Participar en la meditación diaria definitivamente ayuda a minimizar la extensión del daño que se causa al cuerpo. La ansiedad no sólo hace que uno se sienta mal, también llega a cambiar la estructura y el funcionamiento del cerebro y eso es un hecho que hace que la meditación sea una de las mejores formas que se pueden utilizar para eliminar la condición.

Cómo eliminar la ansiedad a través de la meditación

Si ya has identificado la naturaleza de la ansiedad con la que estás luchando, entonces lo siguiente que necesitas hacer es ir por un tipo de meditación con la que te sientas cómodo y también tenga el potencial de abordar la situación. Busca técnicas de meditación que te ayuden a abordar la afección de manera efectiva. Una vez que comience el proceso de meditación es importante tener en cuenta que los resultados no serán inmediatos por lo que la consistencia es clave. Participar en algunas sesiones de práctica médica puede tener un tremendo impacto en la ansiedad si se hace de manera consistente. La investigación ha demostrado que participar en la meditación diaria tiene el potencial de alterar las vías neuronales del cerebro que luego hace que sean bastante resistentes al estrés y la ansiedad. Practicar la meditación no requiere mucho tiempo; puede tomar tan poco como 10 minutos cada día para el ejercicio. Lo que realmente es importante es ser consistente con la práctica para que sea un hábito. El mindfulness es ideal para deshacerse de la ansiedad. Puedes practicarlo regularmente y es capaz de entrenar su cerebro para mantenerte enfocado y evitar saltar de una tarea a otra.

Para meditar, puede comenzar participando en los siguientes pasos;

Proceso de meditación:
Meditar
Siéntate derecho con los dos pies descansados en el suelo y luego cierra los ojos. Puedes centrar tu atención en un objeto determinado o participar en recitar un mantra en silencio o en voz alta. Elige un mantra de tu elección si dices palabras como "Me amo a mí mismo", "Estoy en paz" o cualquiera de tus mantras preferidos. A continuación, puede colocar en sus manos en su vientre con el fin de sincronizar su respiración con el mantra. Al hacerlo, deja que todos los pensamientos que distraigan se vayan volando.

Respira profundamente
Tómese un descanso de unos 5 minutos mientras centra su atención en la respiración. Siéntate derecho con los ojos y la mano en el vientre. Comienza a inhalar lentamente a través de la nariz mientras sientes que la respiración comienza en el abdomen y fluye hasta la cabeza. Invierta el proceso y exhale a través de la boca.

Recuerde que participar en la respiración profunda contrarresta los efectos asociados con el estrés y la ansiedad mientras que también disminuye la presión arterial y la frecuencia cardíaca.

Estar presente

Tómese su tiempo para centrarse en un comportamiento en un momento dado con un nivel de conciencia. Toma nota de cómo se siente el aire a medida que fluye sobre tu cara y cómo se sienten tus pies al golpear el suelo. Tómese el tiempo y disfrute de la textura de los alimentos que comes. Asegúrese de que está en el momento presente con todo lo que haces. Cuando aprenda a pasar tiempo en el momento se dará cuenta de que se siente menos ansioso y tenso mientras se enfocas en los sentidos.

Intenta comunicarte

Llegar a las personas que han logrado superar la situación ya sea a través de las redes sociales o cualquier otra plataforma puede ser de gran beneficio. No sólo puede compartir sus experiencias; también se obtiene una nueva perspectiva con respecto a la condición, incluso cuando también se crean conexiones.

Sintonice su cuerpo

Tómese el tiempo para escanear su cuerpo mentalmente con el fin de obtener una idea sobre el impacto de la ansiedad en su cuerpo. Puedes acostarte en la espalda o sentarte con los dos pies en el suelo. Comience desde los de los pies mientras trabajas hacia el cuero cabelludo, mientras toma tiempo para identificar cómo se siente su cuerpo. La idea es ser consciente de las áreas de su cuerpo donde se siente suelto o apretado y no debe tratar de cambiar nada. Puede tomar unos 2 minutos, puede inhalar y comenzar a imaginar el aire que ha inhalado fluye a través de todas las partes del cuerpo, incluso mientras se enfoca en cada área de su cuerpo. Repite el proceso a medida que cambias su enfoque a la parte superior del cuerpo mientras prestas atención a los sentimientos y sensaciones que experimenta con cada parte del cuerpo.

Descomprimir

Coloca una envoltura caliente alrededor de

los hombros o el cuello y luego deja que se quede unos 10 minutos. A continuación, puede cerrar los ojos a medida que deja que su cara se relaje y luego proceder al cuello, la parte superior del pecho, incluidos los músculos de la espalda. Retire la envoltura y luego use un rodillo de espuma para masajear la tensión. Coloque una pelota entre la pared y la espalda,luego apóyese en ella mientras mantiene la presión durante unos 15 segundos. A continuación, puede mover la pelota a un punto diferente y luego aplicar presión.

Risa

La carga mental que una persona con ansiedad tiende a llevar puede ser abrumadora que luego hace que uno esté en un estado perpetuo de ira y tristeza. Participar en una risa abundante ayuda a aligerar la carga mental. También ayuda en la reducción de cortisol que es una hormona del estrés que se libera por el cuerpo mientras aumenta la liberación de endorfinas, los productos químicos que ayuda a mejorar el estado de ánimo.

También puede participar en cosas que le hagan aclarar, como escuchar su música favorita o chatear con un amigo que le hace sonreír.

Escuchar música

Escuchar música que sea calmante puede ayudar a reducir la presión arterial, la ansiedad y la frecuencia cardíaca. Usted puede tener una lista de reproducción de canciones o algunos sonidos de la naturaleza que hace posible que su mente se enfoque en diversas melodías.

Ejercicio

Participar en cualquier forma de ejercicio puede ser una manera muy fácil aliviar la ansiedad y el estrés con ello el cerebro consigue liberar los químicos para sentirse bien. Participar en un paseo rápido y algunos ejercicios de estiramiento puede tener un gran impacto en su salud física y mental.

El objetivo de esta meditación no es tener pensamientos; es para ayudarte a notar los pensamientos a medida que surgen para que puedas apartarlos suavemente. El mindfulness no requiere ningún tipo de entrenamiento, sin embargo, los resultados que uno obtiene con este tipo de meditación pueden ser bastante impactantes

Capítulo 6

Vivir en el momento libre de estrés, ansiedad y paz y felicidad

Vivir en el momento presente la conciencia es un aspecto importante que aumenta los niveles de felicidad y paz mientras elimina los sentimientos de ansiedad y estrés. Vivir en el momento implica monitorear y atender las experiencias actuales en lugar de morar en el pasado o predecir cómo podría ser el futuro. La conciencia del momento presente se ha relacionado para contribuir a diversos beneficios, como bajos niveles de cualquier estrés percibido, mejor estado de ánimo, ansiedad y depresión, entre otros. Hay factores estresantes diarios con los que nos encontramos todos los días, por lo que saber que tenemos la capacidad de controlar cómo reaccionamos a ellos es bastante poderoso.

La meditación es la esencia de vivir en el momento presente, ya que nos permite conectar con esa paz y alegría ilimitadas que habita en nosotros. El amor, la alegría y la felicidad están presentes en el centro de nuestro ser y la única manera en que uno llega a trascender la dimensión sensual para conectar con el espíritu interior es a través de la meditación. La meditación permite tomar ese descanso profundo mientras que también está alerta al mismo tiempo. Calma la mente al mismo tiempo que permite conectar con el yo interior. Las experiencias desafiantes que llegamos a encontrar y los sentimientos de ansiedad pueden quitar ese sentido de conciencia y vivir en el momento, sin embargo a través de la meditación, uno es capaz de tomar el control de sus vidas mediante el desarrollo de la capacidad de responder a la situación y no reaccionar a ella.

Una mente llena de ansiedad y todo tipo de turbulencias a menudo drena la energía de la vida, lo que luego nos deja sintiéndonos cansados y agotados. Es posible pasar de la turbulencia a la tranquilidad y eso es practicando la meditación. La mente puede estar preparada para estar quieta y pacífica. Una mente que está quieta y centrada está llena de entusiasmo y creatividad. La meditación ayuda a liberar el estrés que se acumula en la mente. Entonces influye en la mente para permanecer en el momento presente que es en realidad donde se lleva a cabo la acción. Cualquier forma de acción sólo puede llevarse a cabo en el momento presente. Cuando la mente se queda en el momento, entonces entramos en completo estado de conciencia. Un estado donde todo el enfoque se da a la tarea en cuestión es lo que implica la atención plena.

El Mindfulness es realmente tener una conciencia que abraza los sentidos emocionales, mentales, físicos, espirituales y ambientales de cada momento. Ser consciente es tener una conciencia de lo que está sucediendo dentro y fuera de nosotros todo el tiempo. La mente y el cuerpo se conectan cuando ambos se centran en hacer lo mismo, cuando toda la atención está hacia lo que está sucediendo en el momento presente. Si queremos sentirnos felices, más vivos y en paz, entonces tenemos que vivir en el momento presente. Es muy posible permanecer en el momento, un estado donde uno está libre de estrés y ansiedad mientras que también disfruta de la paz y la felicidad. Con el fin de desarrollar el mindfulness y vivir en el momento, se requiere cierto esfuerzo ya que tenemos el conocimiento de que permanecer en el momento puede aumentar la felicidad de una manera grande mientras que reduce la ansiedad y otras emociones negativas. La atención debe centrarse entonces en involucrar a todos los sentidos para estar en el momento presente. Es estar en un estado donde puedes notar lo que ves, lo que hueles, lo que oyes, lo que saboreas y lo que sientes. La conciencia plena es más como cambiar la conciencia.

Para ser más consciente, puede practicar las siguientes técnicas;

Note sus tendencias

Todo el mundo tiene algunas tendencias únicas que nos impiden vivir en el momento presente. Tomar tiempo para descubrir sus tendencias puede ser un gran paso hacia la vida en el momento. Monitorea el tipo de pensamientos que tienden a impedirle quedarse en el momento. Una vez que identifique sus tendencias, escríbalas para su análisis posterior.

Practique la aceptación

Una vez que haya identificado sus tendencias y comience a ser más consciente de ellas, recuerde no juzgarse a sí mismo. Practica la autoaceptación y consigue abrazar lo que realmente eres. Las tendencias que tiene actúan como indicadores de las áreas que pueden requerir su atención. Si es propenso a preocuparse, entonces debería estar interesado en identificar cuándo se desplaza hacia el futuro y recuperarsevolviéndose más consciente al observar sus pensamientos y también participar en la respiración.

Concéntrese en su respiración

Monitorear su respiración es una forma poderosa que puede usar para traerte de vuelta al momento presente. Si se encuentra luchando para quedarse en el momento, entonces todo lo que tiene que hacer es respirar profundamente y luego mantener su enfoque en la respiración. Incluso puedes contar el aliento al inhalar dentro y fuera.

Cuestione sus pensamientos

Tomarse su tiempo para cuestionar constantemente sus pensamientos también puede ayudarle a permanecer en el momento. En el momento en que empiezas a sentir algunas emociones negativas, toma tiempo y analiza los pensamientos que están elevando el sentimiento. No es prudente caminar todo el día con pensamientos negativos que persisten en tu mente. Ser consciente toma disciplina por lo tanto, pensar en pensamientos negativos definitivamente elevará las emociones negativas. Al cuestionar tus pensamientos, te das cuenta de su importancia y si vale la pena entretenerlos.

Determinar

Puede aumentar el tiempo que pasa mientras sigue en el momento presente. Si tienes la intención de desarrollar el mindfulness, entonces tiene que estar dispuesto a trabajar para desarrollarlo y eso sólo se puede realizar cuando está determinado.

Beneficios de Mindfulness

Vivir en el momento o en Mindfulness puede ayudarle de las siguientes maneras;

- *Capacidad para desarrollar concentración y mayor enfoque.*
- *Reduce la ansiedad, la tensión y el estrés.*
- *Pensamiento claro con menos agitación emocional.*
- *Rendimiento mejorado y gran creatividad.*
- *Más felicidad, alegría y paz.*
- *Mayor intimidad y comprensión con la familia y los amigos.*

- *Mayor sentido del significado y aumento de los niveles de autoaceptación y autoestima.*
- Destellos de dimensión espiritual.

Conclusión

Felicidades y gracias por tomarse su tiempo para descargar el libro.

Sé que ha encontrado que el libro es valioso y está lleno de técnicas de meditación que puedes probar. El impacto de la ansiedad puede ser bastante abrumador si no se toman las medidas correctas para abordar y eliminar la situación. Por mucho que este libro haya compartido algunas de las formas que se pueden utilizar para reducir el estrés, varios estudios han demostrado que la meditación es la solución definitiva que tiene el potencial de eliminar la ansiedad.

Ya sea que esté libre de ansiedad, sufra la ansiedad general del día a día o experimente algún trastorno de ansiedad crónica, existe información valiosa que puede aprovechar de inmediato. La información compartida en este libro es capaz de mantenerle libre de estrés y ansiedad mientras disfruta de vivir en el momento con mucha paz y felicidad. También es capaz de permitir que salga del ciclo de pensamiento negativo y ansiedad.

Todo lo que tiene que hacer es implementar lo que ha leído. Para sacar el máximo provecho del libro, puede volver a consultar algunas de las técnicas con las que preferiría empezar y ahora puede estar garantizado de vivir una vida feliz.

Para aprovechar al máximo la práctica de la meditación, es aconsejable que pruebe la mayoría de ellos y pueda conformarte con lo que le resulte mas cómodo. Recuerde que cada uno está más enfocado en una manera diferente de mejorar su conciencia.

Gracias una vez más por descargar el libro, sin embargo, tengo una solicitud; ¿podría seguir y dejar una reseña para el libro?

¡Gracias y disfruta de una vida libre de estrés llena de felicidad mientras vives en el momento!

Parte 2

Introducción

Quiero agradecerte y felicitarte por descargar el libro.

Este libro contiene pasos probados y estrategias para enfrentar el estrés, la ansiedad y la depresión. Estos métodos están escritos especialmente con personas como tú en mente. Si quieres mejorar, debes seguir los consejos mencionados aquí.

Este libro también le informa sobre el estrés y la ansiedad, y sus causas. Sus efectos en la mente y el cuerpo también se analizan en este libro, así como la manera de evitarlos con éxito.

Gracias de nuevo por descargar este libro, ¡espero que lo disfruten!

Capítulo 1 - El estrés y la ansiedad

El estrés suele ser causado por el pensamiento negativo y la forma en que el cuerpo reacciona a los procesos de pensamiento. Ocurre cuando siente que no puede manejar la presión, lo que puede desencadenar sus respuestas fisiológicas.

La ansiedad se caracteriza por preocupaciones y temores irracionales que a menudo son provocados por personas, cosas, eventos y situaciones. Si bien es normal estar ansioso en momentos de dolor o angustia, la ansiedad prolongada puede ser un síntoma de un trastorno de ansiedad.

En pocas palabras, experimentas estrés y ansiedad cuando piensas en situaciones de manera negativa, lo que hace que tu cuerpo reaccione a tales procesos de pensamiento. "Luchar o huir" es la respuesta instintiva al estrés que tienes ante los eventos inesperados.

Es tu reacción natural a cualquier cosa, lo que parece amenazar tu supervivencia. Está cableado en su sistema porque lo heredó de sus antepasados de la era del

Paleolítico. Durante ese tiempo, luchan contra la amenaza o huyen por sus vidas.

Hoy en día, ya no es común encontrar un animal salvaje que pueda amenazar su supervivencia. No obstante, todavía se aplica la respuesta de lucha o huida. En momentos de pánico o peligro, desencadena automáticamente conjuntos de cambios que evitan su pensamiento racional.

Todas tus funciones físicas que pueden darte poder para huir o enfrentar al enemigo tienen prioridad. Para que sepa por qué el estrés a menudo tiene un efecto negativo en su salud, necesita aprender sobre los cambios fisiológicos que ocurren en su cuerpo a medida que experimenta la respuesta de lucha o huida.

¿Qué es la lucha o respuesta de vuelo?

En 1932, Walter Cannon, uno de los primeros pioneros de la investigación del estrés, observó por primera vez la respuesta de lucha o huida. Según él, un organismo libera hormonas que le permiten sobrevivir en caso de percibir una amenaza o un shock.

En los seres humanos, estas hormonas ayudan a luchar más y a correr más rápido. Aumentan su presión arterial y su frecuencia cardíaca, lo que hace que se bombee más oxígeno a su sangre y más azúcar en la sangre para impulsar sus músculos. También aumentan su sudor, para que sus músculos se puedan enfriar más efectivamente.

Alejan su sangre de la piel hacia el núcleo de su cuerpo para que pueda reducir la pérdida de sangre en caso de daño. Además, estas hormonas atraen su atención hacia la amenaza, haciendo que ignore todo lo demás.

Tu respiración se acelera para convertir más oxígeno en energía. Su corazón pasa al modo de sobre marcha para suministrar a su cuerpo más nutriente y oxígeno. Su sistema inmunológico se activa y se prepara para atender heridas. Su vista y atención se vuelven enfocadas y agudas, y su sensación de dolor disminuye a medida que su cuerpo libera hormonas analgésicas.

Debido a este aspecto fisiológico,

empiezas a ver el mundo bajo una luz negativa. Lo percibes como hostil, por lo que te preparas para luchar o huir. Cualquiera sea la opción que elija, su cuerpo gasta una inmensa cantidad de energía, lo que evita la acumulación de estrés asociado con esta respuesta.

La civilización moderna ha hecho que los encuentros con animales salvajes sean menos probables. Sin embargo, tu respuesta de lucha o huida inherente sigue ahí. Ya no es provocada por los depredadores, sino por otros factores amenazadores, como las preocupaciones con su vida cotidiana. Se puede desencadenar por divorcio, pérdida de trabajo, muerte de un ser querido, atascos de tráfico, etc.

¿Qué hacen el estrés y la ansiedad a tu cuerpo?

Tu cuerpo está conectado para lidiar con el estrés a corto plazo. Sin embargo, puede permanecer alerta durante más tiempo. Cuando esto sucede, te vuelves vulnerable a numerosos problemas de salud.

Sistema nervioso

Tu respuesta de lucha o huida comienza en tu sistema nervioso. Si está estresado y ansioso, los nervios simpáticos en su cerebro le indican a las glándulas suprarrenales que liberen cortisol y epinefrina. Los altos niveles de estos químicos pueden perjudicar su aprendizaje y memoria, y aumentar su riesgo de depresión.

Cuando desaparece la amenaza, su sistema nervioso le ordena al resto de su cuerpo que regrese a la normalidad. Sin embargo, si no lo hace, tu cuerpo comienza a sufrir. Algunos de los síntomas del estrés crónico incluyen ansiedad e irritabilidad. También puede sufrir de insomnio y dolores de cabeza. El estrés crónico puede llevar a la abstinencia social, a los trastornos alimentarios y al abuso de drogas y alcohol.

Sistema endocrino

Cuando se percibe peligro o amenaza, sus hormonas del estrés hacen que su hígado produzca más azúcar en la sangre. Esto te da la energía adicional que necesitas para luchar o huir. Sin embargo, si su amenaza está presente durante mucho tiempo, el aumento de glucosa en su cuerpo puede aumentar su riesgo de diabetes.

Sistema respiratorio
Cuando experimenta altos niveles de estrés, puede notar que está hiperventilando, respirando más rápido o sintiendo falta de aire. Si esto sucede con frecuencia, su sistema puede estar tenso y puede ser más vulnerable a las infecciones de las vías respiratorias superiores.

Sistema cardiovascular
El estrés agudo provocado por cambios importantes en la vida y otros factores pueden hacer que aumente su presión arterial y que su corazón lata más rápido. El estrés a largo plazo puede llevar a niveles elevados de colesterol, estrechamiento de las arterias, derrame cerebral, enfermedad cardíaca y ataque cardíaco.

Sistema reproductivo
En las mujeres, el ciclo menstrual se puede acortar o alargar, así como detener o hacer más doloroso por el estrés. Los niveles

altos de estrés pueden conducir a la vaginosis bacteriana. En mujeres embarazadas, los niveles altos de estrés pueden aumentar las posibilidades de que el bebé desarrolle alergias o asma.

Sistema inmune

El estrés a corto plazo en realidad tiene efectos positivos, como estimular el sistema inmunológico y ayudar al cuerpo a luchar contra las infecciones. Sin embargo, el estrés prolongado puede retardar la curación de las heridas, hacerte más propenso a las infecciones y empeorar las condiciones de la piel como el acné, el eccema y la urticaria.

Sistema digestivo

Cuando está estresado o ansioso, su hígado produce glucosa adicional o azúcar en la sangre para darle más energía. Tenga en cuenta que el azúcar en la sangre no utilizado es reabsorbido por su cuerpo. Si está bajo estrés crónico, es posible que no pueda lidiar con este aumento de glucosa agregado. Esto puede aumentar sus posibilidades de tener diabetes tipo 2.

Además, su sistema digestivo puede

alterarse por el aumento de la frecuencia cardíaca, la ráfaga de hormonas y la respiración rápida. Esto puede causar que tenga un reflujo ácido o acidez estomacal. Aunque el estrés no causa úlceras directamente, puede empeorar las úlceras existentes. También puede experimentar dolores de estómago, vómitos, náuseas, diarrea y estreñimiento, ya que el estrés afecta la forma en que se ingieren los alimentos.

Sistema musculoesquelético

Cada vez que se percibe una amenaza o peligro, tus músculos comienzan a tensarse. Si sus músculos están tensos todo el tiempo, puede experimentar dolores de cabeza, dolor de espalda, de cuello y de hombros. Incluso puede ser susceptible a la osteoporosis.

Capítulo 2 - Causas de la ansiedad

Varios factores pueden desencadenar el estrés y la ansiedad. Las presiones y situaciones que causan estrés se denominan factores estresantes que tienden a tener una connotación negativa. Sin embargo, debes darte cuenta de que los estresores no siempre son negativos. Cualquier cosa que te obligue a hacer ajustes o te exija mucho puede ser un factor estresante.

Por lo tanto, los horarios agitados, las relaciones tóxicas, los problemas financieros y las largas horas de trabajo no son los únicos factores estresantes que puede tener. Incluso los eventos positivos o los hitos como tener un bebé, casarse, obtener un ascenso o mudarse a una gran ciudad pueden hacer que se sienta estresado y ansioso.

Por otra parte, los factores externos no son los únicos que causan estrés. El aislamiento y el estrés autogenerado también pueden hacerte daño. El compromiso social es una defensa natural contra el estrés, por lo tanto, carecer de una interacción humana constante y aislarte puede hacerte estresar o empeorar el estrés que ya tienes.

Del mismo modo, si te preocupas demasiado por ciertas cosas o te pones pesimista sobre la vida, también puedes sentirte estresado y ansioso. La preocupación crónica, el diálogo interno negativo, el pesimismo, la actitud de todo o nada, la falta de flexibilidad, el pensamiento rígido, el perfeccionismo y las expectativas poco realistas son algunas de las causas internas más comunes de estrés.

El trauma es otra causa conocida de ansiedad. Cuando experimentó un evento traumático en su vida, puede tener dificultades para lidiar con sus sentimientos. Cada vez que vea o encuentre un disparador, sus niveles de ansiedad pueden aumentar. Varias cosas pueden ser desencadenantes. Por ejemplo, si ha sobrevivido a un accidente aéreo, el sonido de los motores del avión puede ser un disparador que le cause ataques de ansiedad.

Las condiciones médicas y los medicamentos también pueden contribuir al estrés y la ansiedad. Por ejemplo, los inhaladores para el asma, las píldoras de dieta y los medicamentos para la tiroides pueden aumentar sus niveles de ansiedad.

Los trastornos de ansiedad también pueden ser hereditarios o genéticos. Si uno o ambos de sus padres o abuelos tienen un historial de ansiedad, existe la posibilidad de que pueda heredar el trastorno. Del mismo modo, puede pasarlo a sus hijos y nietos.

Además, la forma en que vives tu vida puede ser un factor para tu estrés y ansiedad. Aumenta tu riesgo si no comes sano o no haces ejercicio regularmente. El consumo de cafeína en forma de café, té o soda, así como el alcohol en forma de vino o cerveza puede aumentar sus niveles de ansiedad.

Capítulo 3 - Cómo evitar el estrés y la ansiedad

Preocuparse puede ser bueno cuando le pida que resuelva un problema y actúe cuando sea necesario. Sin embargo, si está constantemente preocupado por los peores escenarios y "qué pasa si", su preocupación se convierte en un problema. Usted puede quedar paralizado por temores y dudas implacables, que a su vez agote su energía y aumenta sus niveles de ansiedad. Si no se soluciona este problema lo antes posible, puede comenzar a interferir con sus actividades diarias.

¿Por qué es difícil dejar de sentir ansiedad y preocuparse?

La respuesta a esta pregunta radica en las creencias positivas y negativas que tiene con respecto a la preocupación.

Una de las creencias negativas que puede tener es que su ansiedad y su preocupación pueden ayudar a controlarlo, poner en riesgo su salud o volverlo loco. Por otro lado, también podemos creer que su ansiedad y preocupación pueden ayudarlo a prepararse para los peores escenarios, encontrar soluciones efectivas o evitar situaciones negativas. También podemos mostrar que usted es una persona concienzuda y humanitaria.

Las creencias negativas tienen empeorar sus niveles de estrés y ansiedad, y mantenerlos en funcionamiento. Esto es lo que te preocupa por lo que realmente no está durmiendo. Tus creencias positivas pueden ser más dañinas que las negativas.

Puede ser difícil romper su hábito de preocupación cuando se cree que está protegido. Para que pueda deshacerse de su ansiedad y hábitos preocupantes, abandone la creencia de que tienen un propósito positivo. En el momento en que te das cuenta y aceptas que te preocupas es un problema y no una solución, empiezas a ganar el control de tu mente nuevamente.

¿Cómo puedes evitar el estrés y la ansiedad?

Para evitar que usted se preocupe, salga

de control, espere que llegue y haga clic para ello en su agenda. Simplemente decirte que no te preocupes no funciona. Incluso puede intentar distraerse a usted mismo en vano. De hecho, puedes hacer que tus pensamientos estresantes y ansiosos se vuelvan más fuertes y sigues alejándolos.

¿Estás familiarizado con la prueba del elefante rosa? Bueno, deberías cerrar los ojos e imaginar un elefante rosa. Visualiza los detalles de tu cuerpo. Una vez que la imagen se vuelve vívida en tu mente, deja de pensar en ella. Pase lo que pase, abstenerse de pensar en elefantes rosados en los próximos sesenta segundos.

¿Funcionó? ¿Tuviste éxito en no pensar en los elefantes rosados? Lo más probable es que no. Esto es porque simplemente suprimir tus pensamientos no es suficiente. Cuando se trata de no pensar en algo, la probabilidad de que se piense en ello es mayor. Cuanto más intente suprimir el pensamiento, más frecuentemente vuelve a su mente a él.

¿Qué puedes hacer sobre este dilema?

Puede tener un período de preocupación durante el cual solo se enfoca en sus factores de estrés durante un período de tiempo específico. Una vez que termine este período de preocupación, debe volver a su trabajo o tareas.

Establezca un lugar y una hora específicos para sus pensamientos preocupantes y ansiosos. Asegúrate de mantener el mismo lugar y hora para condicionar tu mente que es durante esta hora y en este lugar puedes entretener tus pensamientos. Su período de preocupación también debe ser unas horas antes de irse a dormir para que no tenga dificultades para dormir.

Por ejemplo, su período de preocupación es de 4 PM a 4:30 PM. A lo largo de estos treinta minutos, puedes pensar en lo que quieras. Preocúpate tanto como puedas. Sin embargo, cuando suene la alarma, deje de pensar en lo que tenga en mente y vuelva a sus actividades habituales. El resto de su día no debe preocuparse.

Posponer su preocupación es otra estrategia efectiva, ya que rompe su hábito de concentrarse en sus preocupaciones cuando tiene muchas otras cosas que hacer. Siempre que los pensamientos de ansiedad vengan a tu mente, haz una nota mental sobre ellos y elige tratarlos más tarde. En este momento, enfócate en lo que sea que estés haciendo. Cuando llegue más tarde, es posible que ya hayas olvidado el ansioso pensamiento que acabas de tener.

También puede escribir las cosas que le causan estrés o ansiedad. Luego, durante su período de preocupación, debe revisar esta lista. Si tales pensamientos aún te molestan, déjate preocupar pero solo por un tiempo específico. Incluso puede que te sorprenda que no los encuentres tan necesarios como antes. En este caso, puede reducir su período de preocupación y tener más tiempo para disfrutar.

Según los investigadores, cuando te preocupas, te sientes menos ansioso temporalmente. Entonces, cuando pasas por encima de tus problemas en tu cabeza, te distraes de tus emociones y sientes que has logrado algo.

Sin embargo, la resolución de problemas y

la preocupación son dos cosas diferentes. Entonces, si realmente quiere aliviar su estrés y ansiedad, debe preguntarse si su problema es solucionable en lugar de simplemente preocuparse por él.

La resolución de problemas consiste en evaluar la situación, encontrar los pasos necesarios sobre cómo tratarla y poner en práctica su plan. Por otro lado, preocuparse no conduce realmente a una solución. Puede preocuparse por cierto peor escenario durante todo el día, pero eso no cambia el hecho de que no esté preparado para ello en caso de que realmente suceda en la vida real.

Otra forma de evitar el estrés y la ansiedad es desafiar sus pensamientos. Cuando empieces a tener pensamientos negativos, pregúntate si estos pensamientos son realmente plausibles. Comience por determinar el pensamiento ansioso y sea lo más detallado posible acerca de lo que le preocupa o le asusta. Examinar y desafiar sus temores y preocupaciones le permite tener una perspectiva más equilibrada.

¿Son tus pensamientos reales o meramente tu opinión? ¿Qué dicen otras personas sobre estas cosas? ¿Qué evidencia tienes para probar que tus pensamientos son reales? ¿Cuál es la probabilidad de que tus pensamientos realmente pasen? ¿Son tus pensamientos útiles? Si alguien más tiene los mismos pensamientos, ¿qué les dirías?

Finalmente, acepta la incertidumbre. Las personas que a menudo están estresadas y ansiosas no pueden soportar la imprevisibilidad o la duda. Siempre quieren estar 100% seguros de las cosas. Debe darse cuenta de que preocuparse no lo hará predecir el futuro ni saber lo que tiene para usted.

Puedes pensar que preocuparte te hace sentir más seguro, pero eso es solo una ilusión. Si te concentras en los peores escenarios, solo te evitarás disfrutar de las grandes cosas que tienes. No puedes evitar que ocurran cosas malas. No puedes controlar todo. Si desea evitar el estrés y la ansiedad, debe dejar de lado su necesidad de respuestas inmediatas y certeza.

Capítulo 4 - Crear nuevos hábitos

Liberarse de sus viejos hábitos destructivos es uno de los primeros pasos hacia la felicidad y la productividad. Estos viejos hábitos le han impedido alcanzar sus metas, formar buenas relaciones y tener éxito en la vida. Si no los reemplazas por otros positivos, continuarán derribándote, destruyendo tu autoestima y evitando que seas feliz.

¿Cuánto tiempo se tarda en formar nuevos hábitos?

Todos están conectados de manera diferente; por lo tanto, la cantidad de tiempo que le toma formar nuevos hábitos no es exactamente la misma que cualquier otra persona. Sin embargo, hay un pseudo-mito popular que dice que un nuevo hábito puede formarse después de veintiún o veintiocho días. La verdad es que en realidad lleva sesenta y seis días incorporar un nuevo hábito en su cerebro.

Un estudio de psicología publicado en el European Journal of Social Psychology dice que después de sesenta y seis días de actividad ininterrumpida, se forma su nuevo hábito. En pocas palabras, tu acción se vuelve automática.

¿Cómo puedes crear nuevos hábitos?

Ya que está tratando de lidiar con el estrés, la ansiedad y la depresión, necesita crear nuevos hábitos que le permitan ganar claridad, tener paz mental y estar más contentos. Estos hábitos positivos te ayudarán a convertirte en una persona mucho mejor.

Sé específico con el hábito que quieras crear.

Es posible que desee convertir un viejo hábito en algo más beneficioso o puede comenzar desde cero. Al determinar el cambio que desea que ocurra, se vuelve más preparado, motivado y enfocado. Es importante ser honesto contigo mismo y asegurarte de que todo lo que deseas es realmente alcanzable.

Reconoce el propósito y las intenciones de tu hábito.

Ser consciente de sus intenciones de desear un cambio puede ayudarlo enormemente en la formación de su hábito. Puede anotar las razones por las que desea desarrollar tales hábitos. Su viaje hacia la formación de su nuevo hábito puede ser fácil o difícil. Sin embargo, mientras recuerde lo que desea, permanecerá en el camino correcto.

Comprende el valor de crear tu nuevo hábito.

Pregúntese si su nuevo hábito puede realmente ayudarlo a convertirse en una mejor persona. Averigua qué es lo que realmente está reservado para ti. Todo el proceso de crear nuevos hábitos no es fácil. Por lo tanto, realmente necesitas saber si habrá una recompensa al final. Al determinar el resultado de crear su nuevo hábito, estará motivado para mantenerse enfocado en alcanzar su meta.

Practica y repite.

Los dichos "la repetición es clave" y "la práctica hace perfecto" son ciertos. Incluso Aristóteles citó una vez: "Somos lo que hacemos repetidamente. La excelencia, entonces, no es un acto sino un hábito."

Entonces, aunque no existe una persona perfecta, puedes alcanzar la perfección a través de la práctica constante. Si quieres mejorar en algo, tienes que practicar. Repite el paso una y otra vez hasta que lo consigas. Luego, repítelo una y otra vez hasta que lo domines.

Por ejemplo, si quieres aprender a tocar el piano, tienes que practicar todos los días. No tiene que pasar todo el día, pero puede dedicar de dos a tres horas para la práctica. Cada semana, te mejores. Un día, se dará cuenta de que ha recorrido un largo camino desde que comenzó.

Lo mismo ocurre con los hábitos de formación. Al principio, puede ser difícil. Puede tener dificultades para ajustar. Puedes olvidar ciertas cosas. Sin embargo, a medida que continúas haciendo lo mismo una y otra vez, tu mente y tu cuerpo se acostumbran a hacerlo. Eventualmente, se vuelve automático.

Espere disparadores y señales de advertencia.

Identifica las pistas que da tu cuerpo cuando estás a punto de volver a tu viejo hábito. Identifique las personas y las situaciones que lo hacen propenso a la reincidencia.

Por ejemplo, si solía comer comida chatarra cuando estaba estresado y desea superar este hábito, trabaje en ser consciente de los momentos en que siente la necesidad de comer helado o papas fritas para consolarse.

Cuando anticipa estos signos reveladores, puede averiguar cuándo y cómo activar su nuevo hábito.

Establezca un plazo específico para su plan.

Un artículo publicado por la Universidad Internacional de Florida dice que se necesitan veintiún días para eliminar un mal hábito y formar uno nuevo. Con enfoque y estrategia, puede formar nuevos hábitos con éxito. Comience una nueva rutina y haga ajustes en sus actividades diarias.

Tenga cuidado con las distracciones a las que puede enfrentarse mientras sigue su camino. Incluso puede recaer antes de tener éxito. Solo recuerda que estas cosas no te hacen un fracaso. Es su capacidad para manejar las interrupciones y volver a la pista rápidamente lo que determina sus resultados finales.

Mantén tu motivación viva.

Mantener su motivación en funcionamiento puede ser una tarea difícil. Su nivel de determinación puede incluso disminuir a medida que pasan los días. No obstante, debes darte cuenta de que hay muchas maneras de recompensarte. Puedes motivarte imaginando los frutos de tu trabajo. Manténgase optimista y obtenga refuerzos positivos de familiares y amigos.

Capítulo 5 - Practica la meditación de atención plena.

Cuando se preocupa, tiende a centrarse en lo que puede suceder en el futuro y en lo que debe hacer al respecto. Preocuparse demasiado por el futuro puede hacer que se sienta ansioso y estresado. Con la atención plena, puede liberarse de estas preocupaciones y devolver su atención al presente.

La atención plena consiste en observar tus pensamientos y luego dejarlos ir. Es la capacidad de mantenerse al tanto de sus sentimientos actuales y de las experiencias internas y externas de momento a momento.

Cuando practica la atención plena, puede determinar dónde su pensamiento causa problemas y ayudarlo a ponerse en contacto mejor con sus emociones. Básicamente, la atención plena consiste en reconocer y observar tus sentimientos y pensamientos de ansiedad, dejar de lado tus preocupaciones y mantenerte enfocado en el presente.

La atención plena le ayuda a mantenerse concentrado y calmado en el momento presente para que pueda devolver el equilibrio a su sistema nervioso. La meditación de atención plena se ha practicado durante mucho tiempo para reducir la ansiedad, el estrés y la depresión, entre otros problemas de salud mental.

Para practicar la meditación consciente, necesitas encontrar un ambiente tranquilo. Lo ideal es elegir un lugar que sea aislado y tranquilo. Puede ser en cualquier lugar: en su casa, en el exterior o en un templo. Tiene que ser un lugar donde pueda relajarse sin interrupciones ni distracciones.

Además, asigne un tiempo específico para la meditación. Las horas más ideales son temprano en la mañana, especialmente entre las 3 y las 5 de la mañana. Según los antiguos maestros y practicantes de la meditación, es durante estas horas que tu mente se encuentra en su estado más fresco. Es como una pizarra en blanco que puedes llenar fácilmente con buenos pensamientos.

Además, en la mañana, meditar te ayuda a prepararte para el largo día que tienes por delante. En la noche, la meditación le ayuda a despejar su mente de las cosas estresantes que sucedieron durante el día y lo prepara para una buena noche de sueño.

Tener un tiempo constante para la meditación te ayuda a formar un hábito. Cuanto más lo haces, más automático se vuelve. Puede configurar un temporizador o un reloj de alarma a una hora específica. Muy pronto, ya no pensarás o planearás hacerlo.

Al despertar, su cuerpo se moverá instantáneamente hacia su lugar de meditación. Del mismo modo, antes de ir a la cama, sentirá la necesidad de meditar en su lugar específico. Se necesita disciplina para despertarse antes de lo que solía. Puede ser difícil al principio, pero eventualmente te acostumbrarás.

De todos modos, también es necesario encontrar una posición cómoda. Debes estar cómodo para que puedas centrarte en la meditación. Use ropa cómoda también. Si no te sientes cómodo y sigues inquieto, tu mente no podrá enfocar correctamente.

Sin embargo, usted debe permanecer sentado. No te acuestes, ya que esto puede hacer que se quede dormido. Solo con la espalda recta y las piernas cruzadas. Puede sentarse en la posición de loto en el suelo o en una silla.

Si está usando un reloj de alarma, manténgalo cerca de usted, pero no demasiado cerca de lo que podría distraerlo. Coloque su rostro lejos de usted para que no se sienta tentado a revisar la hora de vez en cuando, distrayéndolo de su sesión de meditación.

Necesitas un punto de enfoque. Puede ser cualquier cosa, ya sea real o imaginaria. Si elige meditar con los ojos abiertos, puede mirar fijamente un objeto como su punto de enfoque. Por ejemplo, puedes mirar fijamente la llama de una vela.

Si elige meditar con los ojos cerrados, puede visualizar su punto de enfoque. También puede elegir un mantra o una frase o palabra con un significado especial. Repite tu mantra a lo largo de tu sesión de meditación.

Por último, es necesario tener una actitud observadora y no crítica. No te preocupes por tener pensamientos que te distraigan. Si alguna vez se te ocurren, déjalos ser. No trates de luchar contra ellos. En su lugar, debe volver su atención suavemente a su punto de enfoque.

Capítulo 6 - Practicar ejercicios de respiración.

Los síntomas de ansiedad, estrés y depresión a menudo están relacionados con técnicas de respiración deficientes. Muchos de los que sufren de ansiedad tienen malos hábitos de respiración que empeoran sus síntomas. Si quieres sentirte mejor, practica técnicas de respiración profunda.

La respiración profunda es una poderosa técnica de relajación, que se enfoca en respiraciones completas, profundas y de limpieza. Es la piedra angular de varias otras técnicas de relajación, y es ideal para combinar con estos elementos relajantes para obtener mejores resultados.

Es fácil de hacer y puede hacerlo en cualquier lugar, brindándole una manera rápida de aliviar el estrés. Si está ansioso o tenso por dar un discurso en público o por ofrecer una actuación frente a una audiencia, puede practicar técnicas de respiración profunda durante unos minutos antes de subir al escenario.

La clave de esta estrategia es respirar profundamente desde su abdomen, para que pueda llevar la mayor cantidad de aire fresco a sus pulmones como sea posible. Cuando respira profundamente desde su abdomen en lugar de la parte superior del tórax, puede tomar más oxígeno. Esto es genial porque cuanto más oxígeno inhalas, menos ansioso y tenso te sientes.

Para empezar, necesitas sentarte con la espalda recta. Póngase cómodo. Coloque una mano sobre su pecho. Coloque su otra mano sobre su estómago. Suavemente y lentamente, respire por la nariz durante cinco a siete segundos. Debería notar que la mano sobre su estómago se eleva y la mano sobre su pecho se mueve ligeramente.

Aguante la respiración durante tres o cuatro segundos antes de exhalar suave y lentamente. Frunza los labios como si estuvieras silbando cuando exhalas. Expulsa la mayor cantidad de aire posible a medida que contraes los músculos abdominales. Debería notar que la mano sobre su estómago se mueve hacia adentro mientras exhala y la otra mano se mueve ligeramente. Haga esto durante siete a nueve segundos.

Continúa inhalando por la nariz y exhala por la boca. Inhala lo suficiente para que tu abdomen inferior suba y baje. Repita este ejercicio de respiración profunda de diez a veinte veces.

Los ejercicios de respiración profunda le impiden la hiperventilación, que es un problema común entre las personas con ansiedad. También lo ayudan a recuperar el equilibrio de dióxido de carbono en su cuerpo, lo que lo ayuda a mejorar su condición y evitar que sus síntomas de ansiedad empeoren.

Entonces, nuevamente, si tiene dificultad para respirar desde su abdomen cuando está sentado, puede recostarse en el piso. Puede colocar un libro sobre su estómago y respirar hasta que note que el libro se levanta cuando inhala y cae cuando exhala.

Capítulo 7 - Ejercicio y Realización de Actividades Aeróbicas.

Los beneficios físicos del ejercicio se han establecido desde hace mucho tiempo. Todos los expertos están de acuerdo en que el ejercicio regular puede ayudar a combatir enfermedades y mejorar las condiciones físicas. No obstante, el ejercicio no solo es bueno para tu cuerpo físico. De hecho, también es ideal para su salud mental.

Los estudios demuestran que el ejercicio puede reducir efectivamente la fatiga, mejorar la función cognitiva general y mejorar la concentración y el estado de alerta. Por lo tanto, es seguro decir que el ejercicio es útil cuando su capacidad para concentrarse y sus niveles de energía se han visto afectados negativamente por el estrés.

Cuando el estrés afecta su cerebro, junto con sus conexiones nerviosas, todo su cuerpo siente el mismo impacto negativo. Es por esto que necesita condicionar su mente y su cuerpo cuando está estresado.

Debido a que su cuerpo se llena de adrenalina durante los momentos de estrés y ansiedad, debe poner esa adrenalina hacia la actividad física, como los ejercicios aeróbicos.

El ejercicio produce endorfinas, que son sustancias químicas en su cerebro que sirven como analgésicos naturales, mejoran su capacidad para dormir y reducen sus niveles de estrés. Los ejercicios de intensidad baja a moderada son ideales porque te hacen estar más saludable y con más energía. Puede intentar trotar o caminar a paso ligero, por ejemplo.

Según los científicos, los ejercicios aeróbicos regulares pueden reducir significativamente los niveles de tensión, mejorar el sueño, aumentar la autoestima y aumentar y estabilizar los niveles del estado de ánimo. Incluso si está demasiado ocupado con el trabajo, puede hacer ejercicio durante cinco minutos. Se sorprenderá al descubrir que cinco minutos son suficientes para estimular los efectos anti-ansiedad del ejercicio.

Lo que el ejercicio le hace a tu cuerpo.
Bombea endorfinas. Cuando realiza actividad física, como ejercicios aeróbicos, fomenta la producción de endorfinas. Por lo tanto, su estado de ánimo cambia rápidamente de enojado, triste o frustrado a feliz y optimista.

Te da los beneficios de la meditación. El ejercicio es prácticamente meditación en movimiento. Requiere enfoque. Cuando haces ejercicio, debes concentrarte en tu respiración, movimiento y postura. A medida que comience a deshacerse de sus tensiones cotidianas a través de la actividad física y el movimiento, se dará cuenta de que concentrarse en una sola tarea resulta en optimismo y energía, lo que le permite mantenerse tranquilo y tranquilo en las cosas que hace.

Sirve como una distracción positiva. Si estás estresado o ansioso, puedes jugar al raquetbol, nadar en la piscina o jugar a cualquier otro juego de ritmo rápido. Después, te darás cuenta de que ya no te sentirás tan irritado como antes. Esto se debe a que el ejercicio también sirve como una distracción positiva. En lugar de ser consumido por sus preocupaciones, se ve obligado a concentrarse en sus movimientos.

Mejora tu estado de ánimo. Cuando hace ejercicio regularmente, mejora gradualmente su confianza en sí mismo. La actividad física puede ayudarlo a relajarse y reducir sus síntomas relacionados con la ansiedad y la depresión. El ejercicio también te ayuda a dormir mejor por la noche, para que puedas descansar y despertarte sintiéndote renovado y rejuvenecido.

Capítulo 8 - Recitar afirmaciones positivas

Otra forma de lidiar con el estrés, la ansiedad y la depresión de manera efectiva es recitar afirmaciones positivas. Estas son palabras que te repites una y otra vez hasta que están arraigadas en tu mente subconsciente.

Las afirmaciones positivas son autodisciplinas anti-negativas, por lo que ayudan a mejorar su autoconfianza y autoestima. Son mensajes que lo alientan y lo motivan a hacer su mejor esfuerzo.

Un estudio presentado en el Journal of American CollegeCollege mostró que las participantes mujeres que aplicaron técnicas cognitivas de comportamiento en su vida, como las afirmaciones positivas, lograron reducir sus pensamientos negativos y aliviar sus síntomas de depresión.

Por lo tanto, esto solo prueba que las afirmaciones positivas son efectivamente efectivas para ayudarlo a sobrellevar los trastornos de salud mental. Si utiliza afirmaciones positivas correctamente, mejorará la calidad de su vida.

Realmente no es tan difícil usar afirmaciones positivas. Simplemente tienes que escribir las declaraciones que quieras decirte todos los días. Escríbelas para que no las olvides.

Cada mañana, al levantarse, debe caminar hacia el espejo y recitar estas afirmaciones positivas en voz alta y clara. Mira tú reflexión con atención mientras recitas las afirmaciones para ti mismo.

Debe hacer esto todos los días hasta que se convierta en un hábito. Por la mañana, al despertar, su primer pensamiento sería recitar sus afirmaciones positivas. A medida que avanza el día, recordará sus afirmaciones y se sentirá mejor al instante.

Tendrás más confianza para enfrentar los desafíos y superar las adversidades. Serás valiente para hacer cosas que siempre has temido hacer. También serás más inteligente y más inteligente, tomando decisiones más razonables.

Consejos para crear afirmaciones positivas

Tenga en cuenta sus palabras, frases y

oraciones. Seguramente, no quieres enviarte el mensaje equivocado. Así que antes de finalizar sus afirmaciones, asegúrese de verificar los enunciados y las frases.

Tenga en cuenta que las emociones tienden a conectarse con las palabras. Mientras recitas tus afirmaciones positivas, tus emociones siguen su ejemplo. Por lo tanto, debe abstenerse de usar palabras que se relacionen con emociones negativas, como "odio". En su lugar, debes reemplazarlos por sus contrapartes positivas, como "amor".

Usa el tiempo presente. Su mente subconsciente no es capaz de diferenciar oraciones positivas y negativas. Todo lo que sabe es el presente, por lo que debe escribir y recitar sus afirmaciones positivas en tiempo presente. Por ejemplo, no digas "confié". En su lugar, deberías decir "Tengo confianza".

Mantenga su mente tranquila y relajada. Para que tus afirmaciones sean efectivas, debes recitarlas cuando tu mente sea clara, no caótica. De esta manera, tu mente puede absorber completamente lo que te estás diciendo a ti mismo.

Capítulo 9 - Escuchar música

Según los investigadores, escuchar música suave puede aumentar el recuento de células inmunitarias, reducir los niveles de hormonas del estrés y disminuir la presión arterial. Además, se ha descubierto que la música tiene un efecto profundo en las emociones.

Por ejemplo, la música rápida puede hacer que te concentres mejor y te sientas más alerta. La música alegre o feliz puede hacerte sentir más feliz y optimista sobre la vida. Los tempos más lentos pueden relajar sus músculos, aquietar su mente y aliviarle después de un día largo y agotador. En otras palabras, la música puede ser una forma efectiva de relajar y administrar sus niveles de estrés.

Estudios recientes muestran que la música con sesenta latidos por minuto puede hacer que su cerebro se sincronice con el ritmo y produzca ondas cerebrales alfa, que están presentes cuando está consciente y relajado.

Si quieres quedarte dormido, acuéstate y

dedica al menos cuarenta y cinco minutos a escuchar música relajante o calmante. Según los investigadores de la Universidad de Stanford, escuchar música puede cambiar la función de su cerebro de la misma manera que los medicamentos pueden hacerlo.

Entonces, cuando estés estresado, ansioso o sintiéndote mal, simplemente acelera algo de música y deja que todas tus preocupaciones se esfumen. Los expertos recomiendan celtas, indios americanos, instrumentos de cuerda indios, flautas y tambores.

Estos tipos de música pueden relajar efectivamente tu mente incluso si los tocas en voz alta. También puedes escuchar los sonidos del trueno, la naturaleza y la lluvia. Son ideales para ser combinados con otros géneros de música, como el clásico y el jazzligero.

Por otra parte, el tipo de música que escuchas depende de ti. Puedes elegir la música que más te guste. No te obligues a escuchar música instrumental o clásica si realmente no te gusta. Hacerlo solo inducirá tensión en lugar de relajación.

Por lo tanto, debe sentirse libre de elegir cualquier música que lo haga sentir cómodo, sereno y relajado. Use las recomendaciones de los expertos como pautas, pero siga con lo que realmente quiere.

Puedes escuchar tus canciones favoritas cuando solo quieras relajarte y desvestirte de tu apretada agenda. Puedes escuchar música funky mientras corres o corres para mantenerte con energía. Del mismo modo, puede escuchar jazz suave o clásico si desea aclarar su mente y concentrarse en hacer su tarea.

Conclusión

¡Gracias de nuevo por descargar este libro! Espero que este libro haya podido ayudarlo a aprender más sobre el estrés y la ansiedad y sobre cómo enfrentarlos de manera efectiva.

El siguiente paso es comenzar a hacer los métodos que ha leído en este libro, para que finalmente pueda reducir sus niveles de estrés y ansiedad y vivir una vida más feliz.

Nuevamente, gracias por comprar este libro, creo que la mayoría de estos métodos pueden aplicarse a su vida. Use esto como una guía para principiantes para ayudar a controlar la ansiedad. Si encuentra que este libro es beneficioso, por favor, déjeme un comentario sobre si cualquier comentario es bienvenido, bueno o malo.

¡Gracias y buena suerte!